大災害時の自治体に必要な機能は何か

阪神・淡路大震災の現場に学ぶ

阪神・淡路まちづくり支援機構付属研究会 編

大震災時、自治体に本当に必要な機能は何か
～阪神・淡路大震災時の第一線公務員からのヒアリング

阪神・淡路まちづくり支援機構付属研究会

日時／2016年（平成28年）9月26日（月）午後6時

場所／兵庫県司法書士会館

Toho Booklet ⑪

東方出版

●目次

ヒアリングゲスト

垂水英司（元神戸市住宅局長。その後退職）

亀井浩之（震災当時、兵庫県財政課。現在明石市出向、理事）

畑文隆（震災当時、西宮市区画整理担当、東日本大震災直後、南三陸町派遣。現在開発指導課長）

司会・斎藤浩（研究会共同代表、弁護士）　ゲストの皆さんにおかれましてはお忙しいところヒアリングに応じていただきありがとうございます。

いま、国家緊急権論議が出てきており、それを大災害時と結びつけ、憲法の改正課題にしようとする動きもあります。

本日は、大震災の経験から見て、中央集権的な国家緊急権は必要なのか、何が本当に必要なのかを、教えていただき、議論もしたいと思います。

一、神戸市の経験

垂水　神戸市役所に三十七年間、建築職として、都市計画とか、建築とか、住宅とか、そういう仕事をやっておりました。

地震のときは、あと五年で退職というところで、災害に見舞われまして、その後五年間、退職まで復興の仕事をさせていただきました。

当時、住宅局におりまして、いわゆる建築基準法関係の部——建築部ですが、そこの部長をやっておりました。地震後一年の一九九六年度からは住宅局長になりまして、その後四年間、神戸市の住宅復興を担当して退職いたしました。退職後は、主に台湾の被災地との交流を十五年ほどやっています。東北の被災地と繋ぐなど、結構忙しく、楽しく過ごしております。

お手元に配らせていただきました「震災後の2週間」という資料に基づいて、震災後の二週間の話を中心にさせていただきます。

応急危険度判定[*1]、そして二週間で都市計画の基本を決めた

というのは、阪神・淡路大震災のいわゆる都市計画、それから住宅復興のスケルトンは、基本的に二週間で、ほとんど全て決まってしまったというように思っているからです。

何でそんな早いこと決めたのかという疑問が出るでしょうが、できるだけリアルというか、ちょっと物語風にお話できたらと思います。

私がおりました住宅局は、建築屋さんが中心で、住宅や建築的な施策の多い局ですね。一方、都市計画局は、これは土木屋さんの多い、都市計画や事業中心の局です。今は合併していますが、この両局は、いつも仲が悪いといいますか、よく言えば切磋琢磨というか（笑）、互いに張り合っているのですが、この二週間は、結構、「戦友意識」というか、日ごろよりも随分と、災害復興について意思疎通したという記憶がありますね。

地震がありまして、ええっ、まさかという感じですよね。非日常空間に突然投げ込まれた感じです。特に住宅局はもういろんなことがありました。ここにありますように、応急危険度判定というようなことも含めてありましたし、それから市営住宅がたくさん潰れていますから、局の職員は散り散りばらばらになってしまうのです。一般的に行われているような会議というのも開けない。だから、意思

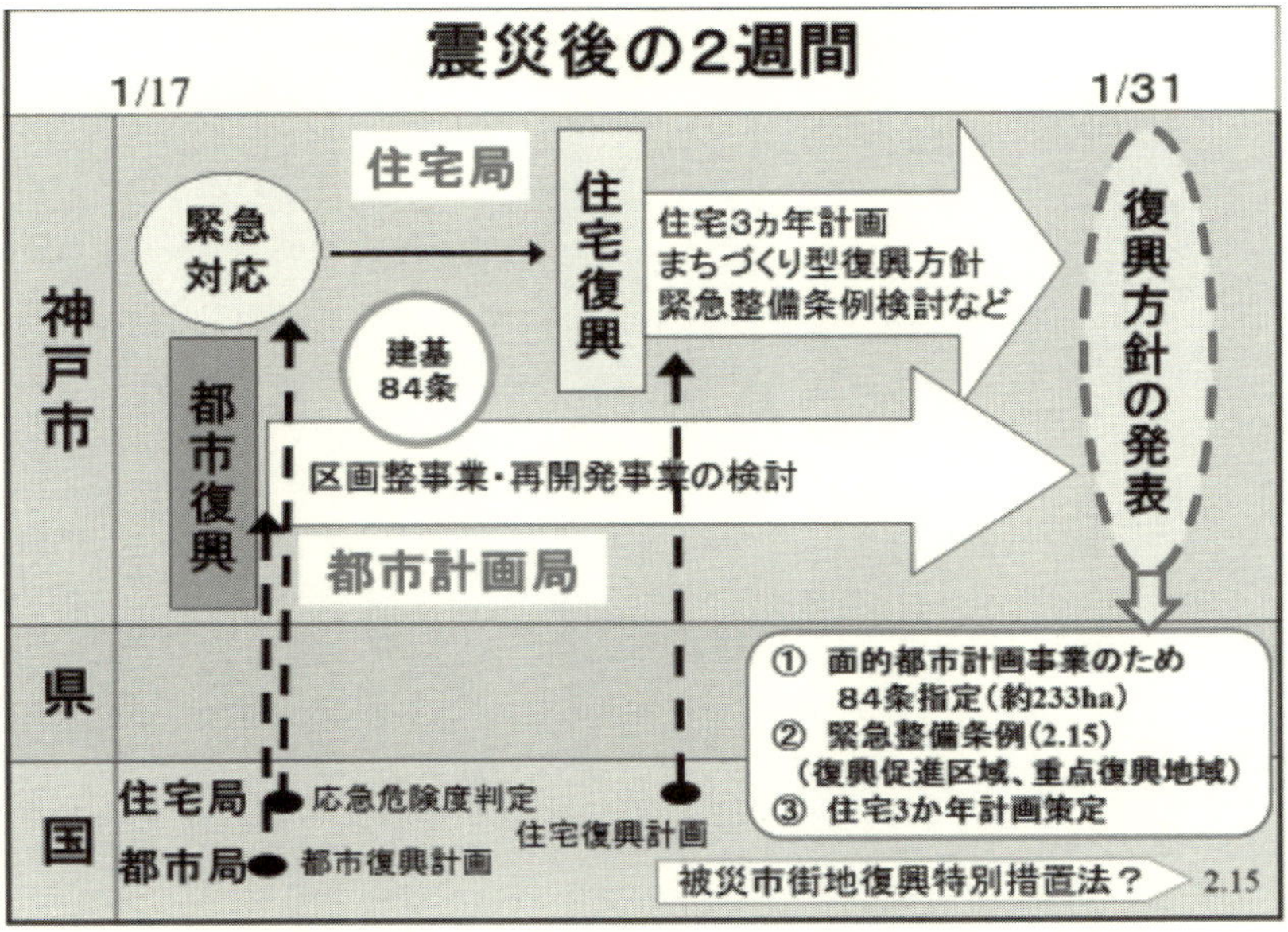

決定も、落ちついて考えられる通常のときと全然違うわけです。したがって、後から整理されたプロセスを第三者が見ても読み解けない、緊急時の意思決定のあり方というのが生まれるのですが、これはものすごく興味深い問題だと思っています。

一方、都市計画局の方は、計画部門以外は割に暇なんですね。というのは、大体、事業をやってる局ですから、震災に遭って事業の仕事はストップしてしまう。だから、多くの職員は基本的に暇になり、他の部門の応援に回る。神戸市のような大きな組織になると震災直後は暇な部分と忙しい部分がかなり違うんですね。

都市計画局の方へは、震災後二日目、三日目ぐらいから建設省（現・国交省）の都市計画部門の担当官がやってきました。もちろん兵庫県へ来ました。しかし、神戸市は指定都市であり、全体被害の七、八割を占める重要な被災地です

震災直後の神戸市東灘区小路（写真提供神戸市）

から、直接乗り込んできて復興都市計画事業についての協議が始まりました。

住宅局で建設省から直後に要請があったのは、応急危険度判定ですね。私も職場へ行って二日目ぐらいですかね、建設省建築指導課長の羽生洋治さんから電話がかかってきて、応急危険度判定に入るから準備してほしい、というわけです。そのとき、私は応急危険度判定なんて全然知りませんでした。「羽生さん、そんなん、こんなときにやめてくれ」と言ったのですけど、「それは困る。もう今、四国に、みんな集結している。あした、フェリーで送り込む」そんな話でした。

いずれにせよ、建設省と、それから兵庫県、それから神戸市の関係部局を結ぶ、都市計画や住宅政策についての、成長期を通してつくり上げてきた、ネットワークですね。これはすごいものがありましたね。すばらしいと言えばすばらしいし、もう即日、動き出すということですね。まあ、そういうことで進み始めました。

都市計画局は、建設省と協議しながら復興都市計画の検討に入っていくのですが、結局、二週間で基本方針を決めることになります。私は都市計画の当事者じゃないですが、こんなに早く決めるに至ったのは、建築基準法八十四条[*2]という前提で建設省との協議の中で決まったということだと思います。震災後しばらくして、「垂水さん、八十四条を決めてもらうかもしれない」ということを都市計画局長から聞きました。八十四条の手続きの担当は私のところです。まあ、お恥ずかしい話ですけど、実は私、当時八十四条についてあまり詳しいことは知らなかったです。

住宅局の取り組み――住宅復興計画づくり

住宅局のほうは、地震が起こってからてんやわんやですから、後の住宅復興というようなことは考える余裕のないままやっておりました。やがてこちらの住宅局のほうでも、復興計画をつくる必要があると、私自身も思うようになり、当時の住宅局長に相談して住宅復興計画の専門チームをつくることにしました。二十人ぐらいの若手の優秀なメンバーを集めまして住宅復興チームというのをつくりました。震災後一週間のことです。彼らを一つの部屋に押し込めて、あんたらはもう一切日常業務はせんでもいいから、とにかく住宅復興計画をつくってほしいというわけです。メンバーらは、先行している都市計画を追いかけて、その後の一週間、日夜頑張って住宅復興計画づくりをやりました。

この段階になると住宅復興計画についても、建設省住宅局から担当官がやってきました。住宅都市公団も来ました。そして兵庫県、神戸市の住宅関連部局のメンバー、その辺のチームが集まっていろんな協議が始まってまいります。住宅でいいますと、住宅の三カ年計画という、名前はいろいろありますが、兵庫県、神戸市でそれぞれ復興住宅の建設計画をつくりました。

神戸市震災復興緊急整備条例[*3]

さらに、復興住宅の建設計画とは別に、まちづくり型の復興方針、いわゆる都市計画事業の再開発とか区画整理ではない、住環境整備型の復興方針というのもあわせてつくっていきました。

それから、この住宅復興チームで検討し作業したものに、神戸市震災復興緊急整備条例があります。チームが立ち上がった最初の頃、チームのリーダーと条例をつくったらどうやという話をしていたのです。チームのリーダーを中心に条例の検討を始めました。条例の検討に入って、もう、私は具体的内容について関与していませんけど、条例は、二月十四日の最初の議会で提案さしていただき、十六日公布しました。

この条例では、大きな被害を受けた地域を重点復興地域に指定して、市の意思として面的整備の方針を市民に問題提起できることになっています。そしてこの条例に基づいて三月十七日に、二十五地区の重点復興地域を指定しました。しかし、こうした条例の枠組みができた時点では、重点復興地域に指定すべき重要な部分については、既に八十四条を指定し、三月十七日の都市計画決定に向かって、エンジン全開で走っていたわけですね。

このとき八十四条の制度しかなかったけれども、それだけでは不足ということは、みんながそれぞれ思っていた。だから、神戸市ではこの緊急整備条例というのをつくり、国のほうでは被災地復興特別措置法の検討に入った。ところが、八十四条を決める一月三十一日の方針決定のときには、この新法が間に合わないとの判断があったと思います。だから後付けでこの時期の動きを見てみると、矛盾だらけなんですね。

今後の教訓——大震災前に整備計画の条例を

実際、どうしたらいいのかということですが、「もし」とか、「たら、れば」という話は余りしたくないのですが、もう一度、阪神・淡路大震災があれば、どういうやり方がいいのかと考えた場合、この緊急整備条例というのは、捨てたものではないと思っています。こういう大災害があったときは、できるだけ早い時期に、災害に対してはこういう整備をしていこうというコンセプトを、基礎的な自治体ができるだけ早く出す必要性があると私は思っております。ここは区画整理したいとか、ここは何か面的な整備が必要ではないかとか、ここについてはいわゆるまちづくりで対応したらどうか、といった自治体としての発案ですね、これを条例に基づいて提起するというのは一つの手ではないかと思っております。災害があって急に条例をつくるという離れ技でなく、やはりこういう大災害があった場合の整備計画の枠組みとして、事前に条例を整備しておく必要があると思います。

私がいま思っている提案としては、震災後一カ月を目途に、自治体としての市街地の整備方針を

震災直後の神戸市東灘区深江本町阪神高速道路（写真提供神戸市）

市民に公表する。これは建築制限や強制力を伴わない内容で、市民、被災者と復興まちづくりを話し合うためのベースとなる行政側からの課題提起です。もちろん八十四条の指定も排除はしませんが、ごく限定的に考えるべきと思います。その後、住民との話し合いをして、ここはやっぱり都市計画でやろうという合意ができた地区は、必要に応じ被災市街地復興推進地域を指定し、一年後ぐらいに都市計画決定に持っていくといったペースが妥当でしょう。

実際には八十四条の前提で進んだため、大枠を決定した後に住民と協議するという、いわゆる「二段階都市計画」で帳尻を合わせていったわけです。神戸市のまちづくり条例における通常のやり方からいえば、住民参加の手順を逆転させたわけですね。いかなる災害があっても、手順は従来やってきた順序を基本的には踏襲していくのが大事と思います。ただ、災害があった場合、早回しするところは早回ししながらも、従来やっている手順は逆転させないシステムをつくっておくべきではないかと思います。

積み重ねの重要性、権限集中より各機関の自律神経発揮

もう時間が来ましたけど、これまでお話した中で、少し感じたことをお話させていただきます。一つは、大きな災害があった時、私たちはこれまでやってきたことしかできないということです。先ほどお話したような非日常空間に入り込み、まともに会議もできないような状態があるのですけども、結局、最後にどういうふうな復興をやったのかと振り返ってみると、全体として、今まで何十年間、二十年、三十年積み重ねてきたやり方を踏襲しているわけなのですね。「やったことしかやれない」というのがあります。

それとも関係してくるのですが、復興全体のリーダーシップをとったのは誰か、実はなかったのではないか思うことがあります。国が全部、リーダーシップをとって全体を差配できるかというと、そうでもない。何となく決まっていくという日本的な意思決定ですね。この復興のときも、全ての情報を集まって決めていくというようなスイタルをとってない。それぞれの部署はそれぞれのことをやる。それに対して、非常に強いリーダーシップがあって、おまえは動くなとか、ちょっと待てとか、そういうことをなかなか言えるような者はないというのを、非常に感じました。

それぞれがやっていくことが、総体として復興計画になったというような印象を持っています。で

すから、権限集中をする枠組みを作っても、多分、その権限集中されたところがうまく機能しないと思います。

だから、権限集中というより、例え話で言えば、むしろそれぞれの機関の自律神経がうまく働くような、そういう復興のシステムを考えるべきではないか。非常に日本的かもしれませんが、その方が現実的でいい復興に繋がるシステムではないかと思っております。

二、兵庫県の経験

斎藤　それでは亀井さん、よろしくお願いします。

亀井　今は明石市役所に勤務しておりますが、阪神・淡路大震災が起きたときには兵庫県財政課で勤務しておりました。震災後、しばらくは財政処理に携わって、その後、復興にかかわったのは、震災十周年のときに経理担当係長をしており、それからあと、十五周年のときが副課長で、二十周年のときに復興支援課長として、二十周年式典を担当しました。

その間には、佐用の水害[*4]とか、新型インフルエンザの対応、それから淡路島地震[*5]の対応に関与しました。二年間庁外に出向していまして、そのときに東日本大震災が起きました。復興業務に帰ってきて東日本支援を復興支援課長として担当しました。今、何十人いるか詳細は覚えていませんが、東日本の被災地では、復興業務に従事する自治体の職員が足りないということで、兵庫県で雇用し復興支援課付きで宮城県に派遣しています。ですから阪神・淡路大震災の復興業務に従事する復興支援課の人数も含めると八十人近い人数がいるんじゃないかと思います。

想定外の事態に即判断できるような専門的な機関の必要

震災復興には、このように携わってきまして、どんなことを言ったらいいのかなと、考えながらなんですけど。まずは巨大災害と通常の災害はちょっと対応が違うと思います。通常の災害でしたら今の法律の運用とかでできると思うんですけど、私が一番思うのは、巨大災害のときには、やはり想定外が起きる。行政で災害対応をしているときに想定外が起きたときに、それは法律上問題ないのかどうか、法律上問題になるケースは必ず出てきますので、そのときに迅速に判断できる何かが必要になるということです。ですから今焦点となっている憲法のことは、ちょっとまだ勉強不足で、憲法に緊急事態条項をつくるべきとか、つくるべきでないかとか、言えないんですけども、災害対応をやる場合に想定外の事態に即判断できるような専門的な機関があればいいと思います。

大規模災害時には、いろんなことで迅速な判断が求められます。特に行政マンは、市町、県、国なんかでもそうですけども、法律違反は絶対できませんから、災害対応のために必要だと判断し行おうと思ってやっても、法律違反だと後で訴えられることを行政マンは恐れる傾向があり対応が停滞しがちとなります。災害のときは想定外のことがしばしば起きるので、それがすぐにできるように、今の法律には違反しているが、災害対応として必要なことが、特例で迅速に決められるようなものが必要だと思います。事前の想定で法律で規定できればいいんですけども、大規模災害のときはやはりそういうことができるのか心配になります。

災害復興予算を早く成立させるシステムを

それから、基本的に予算の裏づけがないと物事は動きません。現場の話を聞いてると、熊本地震の時も、補正予算が通るまでは国の動きが遅かったと聞いています。予算が通ったら、国の担当者の判断で多くのことができるようになる。それで、予算成立後はスムーズに進むようになったと、聞いています。

ですから、その予算というのは国会の議決が必要になるものですが、予算や法律を新たに作るというプロセスを迅速にする、または省略するシステムが必要になるかなと考えています。

阪神・淡路大震災のとき、最初の緊急に必要な予算は専決処分[*6]でやりました。私は、財政課におりましたが、専決処分の場合は、事後報告で議会に付しますけど、事前に議員さんには説明に回りました。専決処分は議会で議決を経ずに行政の責任と判断で予算を決めることができる、自治法上認められた制度であり、これを活用したのを記憶しています。

人員削減された市町村での対応の困難

市町村は今、行革で人員削減のため職員が減っています。それに専門家も少ない。特に防災なんか、防災総務課のように、総務をやってる人がついでに防災をやってるみたいな実態がありますので、組織が小さいわけですね。特に最近、行革で人の確保が厳しくなって、県から、新たな防災業務を市町村に、やってくれと言っても、忙しいから、特に、新たなことはできないとよく言われます。こういう状況なので、市町村に特に大規模災害時の対応を過度に頼るのは困難だと思います。

ですから、東日本大震災の時みたいに、国がある程度の組織を持ってやるか、県単位ぐらいでやるとか、やっぱりある程度、まとまった組織で対応する必要がある。今の復興庁のように出先をつくって現場で対応するという手法もあります。現場の実態は霞が関からは見えませんから、現場に国の機関が行くのがいいのか、関西広域連合的な組織がよいのか、ある程度、まとまった組織体制が必要だと思います。ですから、本来は、災害の専門組織みたいなのがあればいいのかなというふうに思ってます。

応急対応と、復旧・復興は全然違いますので、よく考える必要があります。応急対応は、自衛隊、警察、消防の広域利用運用システムとかを、現行以上に効率的に行うシステムを考える必要があると思います。あと、復興・復旧対応につきましては、その予算が、さっき言った、例えば、被災者の生活支援にかかわる問題をどう扱うのかという点と、それから人の問題ですね。大規模災害時には、自治体は必ず人手不足になります。東日本大震災の被災地は、今でも人が足りないというふうに言っています。

兵庫県も、行革で人員を三割カットしてる中で優秀な人材を送っています。現場からは、余り出し過ぎると、こちらの兵庫県の方が人手不足になるという声も聞こえてくるような状況でした。阪神・淡路大震災の時もそうであったように、復旧・復興対応のときには多くの復興対応の人材が要るので、そういう手配を国がきっちりやってくれたらいいんですけど、なかなか十分に対応しきれていないと思います。兵庫県は阪神・淡路の経験もありますし、当時お世話になったという気持ちと、その使命感があるので、多数の職員の派遣を継続しています。兵庫県職員も人手が苦しくなったので、県・市の経験のある技術職・専門職のＯＢ職員等を任期付きで雇用し、被災地の要望に対応しています。

発災前に準備しておくべき基金作り、法律改正

復旧・復興も、それから応急も、特に応急対応はスピードが大事です。復旧・復興についても、やっぱりスピード感が大事なので、想定外の事態に、ある程度、迅速にどこかの機関が判断できないと、特に国会を待ってるような状況では、対応がなかなか迅速にできません。阪神・淡路大震災のときは、復興基金が発災三カ月後の四月にできました。私は、最近まで復興基金の事務局長も復興支援課長として兼務してやってましたけど、復興基金が東日本でできたのは九カ月以上経過してからだと思います。

ところで、大災害時に対応するための法律ですが、この本は、最近、県が出した『伝える・改訂版』という教訓集ですが、阪神・淡路大震災時でも新規立法が一ページなんですけど、東日本大震災のを

見てみると三ページぐらいの分量があります。例えば法律、いろんな細かい法律が作られていますので、こういうものを大災害のときにやってる暇はあるのか。まあ、五年たったからこれぐらいできるのでしょうけど、実際にやるときには、やはり一定程度、特に応急対応のときは特に人命にかかわりますので、迅速にやる必要があります。

それから、復旧・復興対応のところも、ある程度、どこかが集中して対応する必要があると思います。大規模災害時の対応はいろんなところで、全部、いろんなところで法律に引っかかってくることがよくあるので、それを臨時的に、大規模災害が起きたときには、緩和して、例えばどこかの組織に一時的に権力を集中させて対応させたらどうかと思います。例えば一定期間に担当大臣が決めたら、災害時はかなりのことができるようにしたらどうかと思います。

今まで、特に震災十年から復興業務に従事してきて、いろいろ見てきました。率直な感想は大体こういうところです。

三、西宮市の経験

斎藤　ありがとうございます。それでは畑さん、よろしくお願いします。

畑　簡単に自己紹介からまいりますと、阪神・淡路大震災が、自分が三十一歳のときでした。市役所入所以来、阪神・淡路大震災までは、復興じゃなくて、普通の区画整理事業の担当をしておりまして、

津波で打ち上げられた船―釜石市（2011年 4月 30日）

阪神・淡路大震災の後、西宮市の香櫨園《こうろえん》という駅のそばの森具というところで震災復興区画整理事業の担当をしておりました。

また、東日本大震災においては兵庫県は、宮城県とカウンターパートを組みまして、宮城県、その中で西宮市は南三陸町を支援するということを早い段階、平成二十三年五月に決めまして、私は、南三陸町役場に震災からまだ三カ月たってない六月の一日から派遣され、そこから約一年半、南三陸町震災復興計画の作成をしてました。

ですから、人生の中で二つの大震災の復興にかかわったということなんですが、その中のエピソードを簡単に触れながら、余り長時間にならないように頑張りながら（笑）、お話をしたいなと思います。

復旧と復興は違う

きょうは、緊急事態条項ということがテーマでございますので、それに対してどう機能するかということで、先、結論から言ってしまいますと、災害対応と復旧、復興への対応は違う。復旧（災害緊急対応）というのは、今、そこの瓦礫をどうしたらええか、そこらに転がってる、まあ、ある意味、人体をどうしたらいいか、そこのものをどう緊急で対応するかという動き。一方、復興のほうは「まちづくり」なんですよ。

ですから、皆さんがそこの大震災が起こった、大災害が起こった後の、新たな「終の住みか」をみんなで考えてつくろうという話をつくらないと、そこで上から目線で「緊急事態条項だ」と言われた日には、えらいことになります。

一番、それはやっぱり阪神・淡路大震災の時代から感じていることでございまして、今のその話は東日本のことをイメージして言ったんですけど、阪神・淡路大震災のときもこんなことがありました。

区画整理に必要なこと——上から目線では進まない

震災があった後、区画整理を始めようとしたら、僕ら何って言われたかというと、「火事場泥棒」だと言われたんです。何かというと、いや、区画整理って減歩というのをするんだと。で、その、例えば、うち、八十坪、あんねんけど、六十坪に削られる。二十坪、買ってくれるんやろう？と。いや、買いません。何で？　等価交換です。何で等価交換やねんと。いやいや、道路ができて、公園ができて、土地の値段が一・二倍に上がりますと。だから、二割、土地を削っても等価交換ですと。それは、憲法のもと、保障された財産権の侵害には当たりませんというところまで突っ込んでくるんです。

そんな話をして区画整理事業を続けたところですが、今、言ってるのは行政が、上から目線でその制度をはめにいこう、当てはめにいこうということに対する反発の中で出てきた会話です。

あくまで区画整理というのは、まちづくりという問題の手法、一つのツール、物であって、究極の目的ではないんですね。目的は何かというと、やっぱりその地区の住民さんが震災の後の終の住みかとして安全で安心に、快適に過ごせるまちづくりをどうやったらちゃんとできるかということであって、そのまちのことを考えるのに上から目線でやって何がわかりますかと。

例えば、私が、西宮市職員であっても、震災後に担当になった地域のことを震災前からどれだけ知っていましたかというたら、知りませんでした。震災があってからその地域、現場に行って、あっ、こんなに大変なところがあって、道が狭いんや、これだけ公共施設のインフラがだめなんで、それこそ先ほどの垂水さんのほうからお話のあった、「八十四条」という制限をかけて、建築物の建築をちょっと一定、抑えてる間に、ちょっと待ってえや、待って、待って、待って、その間に計画、みんなでつくろうやということをしないと、もともとの細い路地のままで家を再建されてしもうたら、もとのもくあみです。

震災があった後、たまたまそこ（西宮市森具地区）では神戸市の鷹取地区みたいな大きな火事は

郵便はがき

恐れ入りますが
郵便切手を
お貼りください

5430062

(受取人)
大阪市天王寺区逢阪二の三の二

東方出版 愛読者係 行

〒

●ご住所

TEL

●ご氏名《ふりがな》

FAX

●**購入申込書**（小社へ直接ご注文の場合は送料が必要です）

書名	本体価格	部数
書名	本体価格	部数

ご指定書店名	取次
住所	

愛読者カード

ご購読ありがとうございます。このハガキにご記入いただきました個人情報は、ご愛読者名簿として長く保存し、またご注文品の配送、確認のための連絡、小社の出版案内のために使用し、他の目的のための利用はいたしません。

お買上いただいた書籍名

お買上書店名

県　　郡 市　　書店

お買い求めの動機（○をおつけください）

新聞・雑誌広告（　　　）　2. 新聞・雑誌記事（　　　）

内容見本を見て　4. 書店で見て

ネットで見て（　　　）　6. 人にすすめられて

執筆者に関心があるから　8. タイトルに関心があるから

その他（　　　）

ご自身のことを少し教えてください

ご職業　　年齢　　歳　　男・女

ご購読の新聞・雑誌名

メールアドレス（Eメールによる新刊案内をご希望の方はご記入ください）

図書目録をご希望の場合は送付させていただきます

◉希望する□　◉希望しない□

信欄（本書に関するご意見、ご感想、今後出版してほしいテーマ、著者名など）

震災直後の神戸市長田区大正筋の火災（写真提供神戸市）

起きなかったけども、火事がぽっと起きたら、全然、消防車が入れる状況じゃなかった。そこについての復興を地域でどう考えるかということのために、やっぱり話し合う時間、皆さんが皆さんの中でお話をしていただく時間というのは必ず必要になります。

そこに今の逆の話で、緊急事態条項のように上から目線で、何々だと、ここはこんな事業をするんだ、ここにこんな道路を通すんだという話を、復興まちづくりに対して、もしやった日には、まとまる話もまとまらないわけです。それを一番危惧するところです。

道路計画で移転になった家の一例

例えば、区画整理の例を挙げると、神戸市さんでもあるように「まちづくり協議会」ができました。その中で、みんなで、その区画整理でやることの道路線形ですね、ここにこういう区画道路をつけようという、その皆さんがお住まいになる自分の家の目の前の道路、路地、その線形をみんなで決めたんですね。で、その提案を皆さんからいただいて行政が、その後、技術的な検討をして事業を始めたわけなんです。

しかし事業が始まると、いろんなことが起こります。

例えば物件移転補償、震災で、多くの家が倒壊しましたが、全部が倒壊したわけではありません。津波みたいに全部なくなったわけじゃなくて、堅牢な家は建っています。でも、そこで安全な街を再建するためにまちづくり協議会で考えた道路計画があります。しかしその道路計画にその家が当たってしまって、震災があって残ったそんな家でも物件移転をしていただかなければいけない場合があります。

それは当然、有償です。ただじゃありません。正当な物件移転補償のコンサルが物件を調査して、例えば二、〇〇〇万やったら二、〇〇〇万という補償金を提示して、それで移転交渉するんですけども、やっぱり個人、個人、一〇〇人おったら百様で、いろんな考え方の方がおられます。

例えば、二、〇〇〇万って行政に言われたんやけど、いや、うちは、この柱、めっちゃ立派な柱やからとか、これはめっちゃ思い入れのある家やからとか、いろんな理由をつけて二、五〇〇万よこさへんかったら、わしは「てこ」でも動かへんとか、そんな話がやっぱり交渉事として出てきます。それでも我々は一生懸命、計算をやりかえて、二、五〇〇万じゃなくて二、〇〇〇万を二、一〇〇万ぐらいに、一生懸命、いろんな部材を見直して再計算することはできても、二、五〇〇万にはたどり着きません。

そのときに、そこの道路計画って何やという話が出てきます。きれいごとみたいに聞こえるかもしれませんけど、事実、そこの道路計画というのは、その地区の方のまちづくり協議会、自治会の役員さんとか、皆さんが集まって街の将来、安全を考えてその線形を考えた道路です。行政に押しつけられてつくったものではありません。

みんな、協力してきたんです。その一本、例えば一〇〇メーターの道、その数十パーセント、いやいや、もう八十パーセント、九十パーセントの方がそれに協力して、移転を既に済ませている。そのうち一軒が、道路計画に当たっている場合で、行政は敵やと、その人は、何かけしからんと思ってるから、ここから、二、五〇〇万の査定が出るまでは動けへんと。

もしそれがその地域が権利者対行政の関係だったら、皆さんは逆にその人をあおったと思うんですね。「もっともっと言え」、「三、〇〇〇万よこすまで動いたるな」なんて言う。しかし、その道路線形とか、みんなの協力が進んでいくというのは、やっぱり地域の皆さんで考えた道路計画なので、おまえ、ええかげんにせえよという話は地域の方から、そのワアワア言うたはる人の奥さんに、ふだんのご近所の会話の中で、自分とこ、ええかげんにせえという話が出たらしい。それで、結果としてその当初の我々が言っている金額に近い金額で契約をされて移転していただいたんです。

防災計画も復興計画も地方主体

一つ例を挙げましたが、何が言いたいかというと、やっぱり「まちづくり」は住民主体じゃないと物事、かえって時間がかかりますよ、上から目線で話をしてしまうと、かえって合意形成に時間がかかりますよというのが一番危惧するところです。

防災の話で言うと、防災基本計画というのは災害対策基本法で決められてますけれども、中央防災会議がその基本的な計画を決めるとはいえ、阪神・淡路大震災後に防災基本計画において計画の主体――復興計画ですね、復興計画策定の主体はあくまで地方ですということが書かれています。平成七年の七月以降。

それまでは、あくまで防災基本計画というのは内閣府が置く中央防災会議が決めるねんから、国から目線やったんです。で、それがこの阪神・淡路大震災以降、例えば地方公共団体は復興計画の迅速的確な作成、復興計画の作成のための体制整備、例えば議員の派遣とか、国との連絡調整とか、要するに国は「後方支援」だよという話を防災基本計画の中に書き込んでいる。

だから、復興計画の流れの中では地方主体というのもわかってきているはずなんです。なのに、今、その緊急事態条項ですか、逆の方向の流れの話をされてるので、何でやろうというのが素朴な疑問としてあります。

南三陸町での経験――ともかく被災者の話を聞くこと

先ほどの話は、阪神・淡路大震災の教訓でした。後半は南三陸の話をしますが、南三陸は、皆さん、ご存じのとおり、まち全体が流されたと言っても過言じゃない場所です。で、そこで復興計画をつくろうと。で、我々はやっぱり阪神・淡路大震災の復興を経験してますから、その経験を生かして向こうで絵を描いてこいって言って、そういうミッションで行くんですけど、わからないですよね。全部、流されてるし。

それこそ、いや、震災があっても神戸市役所だって、兵庫県庁だって、西宮市役所だって、流されてない。そこにあるわけです。壊れてますけども。南三陸町では、役場も、警察も、病院も、消防も、全部流されて、そのまちにはないわけです。そこで今から仮設というか、本当に体育館の片隅とかですね、もうプレハブの、この間、国交省が持ってきたとこにぽんと置いてある、現場の飯場で使うようなプレハブの事務所、そこで仕事をしてたわけなんですけど。

そこから何をやるかというと、やっぱり復興計画をつくろう、で、南三陸はやっぱり最初の段階で、何か、最初、僕が向こうに行ってすごいなと思ったのは、復興計画の概念、簡単なA３判の一枚、紙をつくって、それで復興計画をつくるときに地域懇談会ということで、復興計画案の作成過程で町長班と副町長班に分かれて——僕らは事務方ですから町長について避難所に行って、で、体育館で、みんな、寝たはるところ、すみません、町長が来ました、で、僕ら事務方は「皆さんに、ちょっとすみません、通してもらってもいいですか」「復興計画、南三陸役場ではこない考えてるんやけど、皆さんの意見をお聞かせ願いたい」と言って、三十カ所ぐらい、ずっと役場から遠い、二次避難所を巡回して丁寧に住民意見を聞いて回りました。鳴子温泉、ご存じですかね。宮城県の内陸部のほうには、かなり遠方、車で一時間以上かけて行かなあかんところの避難所のところに行って、みんなの意見を聞いて、そいつをまとめるというやり方をしました。

結果として、皆さんでその素朴な意見というのは、やっぱりこんな津波が来てんから、高台でまちをつくらなあかんとか、もうそのあたりが基本的な考えなので、その皆さんの意見を聞いたからものすごく復興計画の素案が変わるということはないんですけど、ただ皆さんの意見を丁寧に聞いてつくったということをまとめるのがすごく大事なんだなということはやっぱり現場で感じたところです。

緊急事態に必要なのは金と人

地元・市民主体が大切であるという話を先ほどからしてますが、その後はやっぱり金です。
我々、当初のミッションでは、平成二十三年、二〇一一年の震災のときの九月の末までに復興計画をつくりしましょうというミッションで、私、派遣されてました。で、計画は九月の末に、あらかたできたんですよ。

高台に移転はどことどこで、どこの村はどこにする。ここが復興区画整理です。で、ここについてはこういうふうに道路を復旧させようという基本的な絵を描いて、さあ、やるぞと思ってたんですけど、皆さん、覚えてはるかどうかわからないですけど、あの震災の年に政治にも混乱がありまして、民進党に政権批判するわけじゃないですけど、菅総理大臣はやめろとか、全然、予算の成立というか、復興予算の成立の時期がものすごくおくれたんです。

我々は九月の末に復興計画をつくってみて、この復興事業に入ったんです。どこの山を切り崩して、どこに高台移転をさせるという事業の絵をより具体に描きたいんですけど、財源の裏づけが見えない。

南三陸町役場は、いわゆる普通の財政基本額といいますか、基本的な財政額は八十億円です。年間八十億円で仕事を回してる小さい自治体というか、小さい町です。西宮で大体、基本で一、八〇〇億、全部、一般会計以外の資金もいれたら三、〇〇〇億ぐらいいきますけどね、二桁違うんです。

そこで、例えば一つの事業をやったら八十億とか、ものすごい大きい。今から造成工事、道路の復旧工事を始めるんです。そこで、たった五パーセントでも地方負担になる制度なんかにされてしまうと、もう全然、手をつけられない。我々、復興計画が九月末に作成出来ても、その後、地元に、実際の事業のための合意形成の仕事をしに、ばっと回りたいんですけど、財源が見えなければ怖くて回れないんです。

一生懸命、この事業をやって、皆さん、じゃあ、ここの村で二十人、もともといはんねんけど、そのうち五人は復興公営住宅で、十五人は防災集団移転に行かれますねって、仕分けを始めたいんです、皆さんと意見交換して。でも、行って、こんな事業の大風呂敷を広げて、後々、その財源が、じゃあ、仮に一パーセントでも役場負担だよと言われたら手をつけられない。通常予算総額八十億ですからね。

結果的に、平成二十三年十一月末にやっと第三次補正予算というのを組まれまして、その中にいわゆる復興交付金ということが書き込まれました。それをよう読むと、地方負担が残るように見えても、後々のその財政措置等を加えると結果的に一〇〇パーセント、国が見てくれるという話がわかったんで、さあ、いける、やっといけるということで、十一月の末、もう年末ぐらいからアクセルを踏み直して、……という経験があります。

だから、緊急事態条項で言うならば、金の段取りと人の段取りは国が緊急事態でやってくれたらと思います。極論ですけど。というのは、さっき言ったように、地方主体でそこのまちづくりの計画というのはまとめるようにしてあげないと、一番最初に申し上げた「国から目線、行政から目線で決められた道路計画、復興計画は、私の意思にそぐわんなら絶対とめてやるという考え方が出てくる可能性を高める」ような気がするんです。

まあ、今でもちゃんと金と人は出すんだよということを防災基本計画にも書いてあるし、実際にはその災害対策基本法ですか、あと地方公務員法二百何条か忘れましたけど、それにもちゃんと派遣の職員とかは書いてますから、それを有効に機能させればいいのです。

ただ、政治混乱の問題もあったんかもしれませんけど、やっぱり復興交付金の段取りは早くしてもらいたかったなという思いがございます。

質疑・討論

斎藤　ありがとうございました。じゃあ、参加者の方々からご質問をどうぞ。

早さと合意形成

見上崇洋（立命館大学教授）　行政法という法律をやってます。今日お聞きしたいのは、発災後、特に緊急事態、応急対策の段階と復旧、復興の段階では、多分、必要になることは違うであろう。その場合、具体的に何がどう違うのかということについて少しお聞かせいただけたらというのがお願いでございまして、そういう意味ではお三方から非常にリアルな大変おもしろい話が聞けたかなというふうに思っています。

最初の垂水さんの話で、一番おもしろかったのは、局によって仕事が全然違うので、暇なのと暇でないところがあったというのがありましたけど、一週間ぐらいしたところで復興計画が要るのではないかという考え方が出てきたというか、変わってきたというお話があったかと思うんですが、その根拠というか、何をきっかけにといいますか、その計画があったほうが何が最後はやりやすいのかというのが一点ですね。

とりあえず、それだけ聞かせていただければと思います。

畑　計画があったというよりも、一般論としてね、まずその市街地の整備という話でいくと、やはり早くやるということが非常に大事なんですね。で、東北と阪神・淡路との被災の状況は随分違うんですけども、東北であれば、津波でこうなってるから、基盤そのものを建てるということはできない。土地そのものをどうするかということを決めないと建たないということがありましたので。阪神・淡路のときは、かなり建てかえるところが多かったんですね。で、現に、いわゆる確認申請で一番件数が多かったのは、震災の年の八月なんですね。土地の条件が建てられる土地があるという点。お金をそんなにたくさん、別にもらわなくても建てられるというような条件がある人は、できるだけやっぱり早く建てたいから、建てていくということになる。

そうすると、やはり、まちづくりとして何か面的な整備をやる必要があるかどうかというのは、できるだけ早く決めていく必要がある。早く決めるということも大事かなと思います。

しかし、かと言うて、本来やるべき住民参加の合意形成過程を全く無視してやるというのは、これはもう当然、副作用が出てまいりますから、そこをどういうように、早く、しかし丁寧にやっていくかが重要です。

災害という特殊な状況の中でどうしていくかというのが、災害毎に違いますけども、これから制度としても改善して、つくるべきものはつくっていかなあかんなというふうに思っています。

誰がリーダーシップをとったか

見上　誰がリーダーシップをとるのかというときに、国がとらないという言い方は、「とれない」という意味なのか、「とらない」という意味なのかということがあります。国なんか、とりようがない状況だったということなのか、そのあたり、どのようなニュアンスで理解したらいいのか。

畑　復興をずっと見てきた感想なんですけれども、例えば住宅政策、住宅復興計画を誰かがコントロールして、こういうようにやりましょうと言う人がいたかというのは、全然いないんやろうと思うね。

国交省の住宅局が全体をこの阪神・淡路が起こったときにこういうことで、例えばこういうところはこういうふうにやる、それから復興基金はこのように出すということで、だから公営住宅はちょっと待てとかですね、そういうように復興全体のコントロールをした人がいるかというと、誰もいないというのが私の感想なんですね。

例えば東北でもそうやないか。そしたら、もう全く無計画でやってるのかというと、そうでもない。実は、いろんな組織がいろんなことをやっていく、総体としてそれが何か計画になってるというのが、阪神・淡路のときでもそれが実態ではあったなというふうに実は思っておるんです。

亀井 誰がリーダーシップをとっていくかというとやっぱり総理大臣だと思うんです。阪神・淡路大震災の時、村山総理の震災対応が遅れて批判を浴びましたが、途中で、自分にはできないので担当大臣をすぐに任命し全面委任しました。自分が指名した担当に全部任せることとしました。誰々の言うことに従えと言って、要するに自分の責任で誰かに権限を与えて、自分はできないが、権限を与え、財源は好きなようにしていいなど、このような手法もリーダーシップの発揮だと思います。細かいことは大きな問題ではないんですけど、誰々の権限でここまで任せるというのをやっぱり責任あるトップが言わないと、物事は進みません。最終的にお金は国が握っていますので、大きな災害が起きたときには、リーダーシップは国が、特に総理大臣が発揮すべきだと思います。まあ、法律に規定してあったら、地方自治体も独自に動けるので、いいんですけどね。

予算も法律も特定の人の言うとおりになるというふうにしてあったらいいんですけど、それがない場合は、震災応急・復興対応を行うためには、やっぱりお金が要る対応を進める段階で、想定外の法律が壁となり、迅速な対応ができないケースが出てきます。そうしたときに、法律をクリアする必要があるということなので、国のトップが迅速に権限を持った担当者を決め、やれという形になれば動くと思います。

特に、地方自治体で財政を担当しているものはお金の面で苦労します。阪神・淡路大震災のときは国が特に復興予算に厳しかったですね。当時、与党プロジェクトという、与党議員の震災対応グループがあって、霞が関が動かない時に、与党プロジェクトのメンバーにお願いして、迅速に決断してもらって、それでさっと国が動いたことがよくありました。権限が分散していたらやっぱり役人は自分の担当のことしかできませんから、災害時はどこかに権力を集中するのがよいのではと思います。

畑　それは、多分、最終的な責任が大臣に行くという意味ですよね。

亀井　ああ、そうです。当時は復興担当大臣をつくって、担当大臣の言うようにやると。その担当大臣が言ったら国の人も動いてくれるようになった、みたいなところがあったように聞いてます。

特に国に要求しても、国はなかなか、動かないところを、その担当大臣にやれと言われたらすぐに動きました。役人は責任をやっぱり回避したがりますので、政治家が決断して動いてくれると特にやりやすいのかなと思います。

見上　亀井さんのほうからお話があったのは、想定外の災害と日常的なものは違うと。通常のものは違うと。想定外のときは、判断する機関があれば助かる、そういう趣旨ですかね。

津波禍の陸前高田市立高田小学校校庭から海を臨む（2011年 5月 1日）

緊急対応の法的根拠

亀井　そうです。原子力災害もそうですけど、想定をして、阪神・淡路大震災は東日本と違うし、熊本もまた二回、大きく違うし、そういうときに違ったことが起きると、それを法律に規定する必要がある。まず役人は法律を調べます。で、規定がなかったら改正せなあかんと。改正ができなかったら役人は動けないので、誰かがそれをやっていいと指示できれば。法律にそれもやっていいということがあれば動けるんです。

　ですから、憲法改正までどうかというところはちょっとまだ勉強不足でわからないんですけども、何かが起きたときに、それを誰かの権限でやれるようにしておいてほしいというのが、担当するものとしての希望です。もし大規模災害が起きたときに災害対応して、これをみんなでやりたいというときに、これをやると私権制限に抵触しますからだめです、みたいなことになった場合に、それじゃあ、法律改正しようというふうになりますが、国会を開くゆとりがあるのか。非常のときに、誰かに権限を集中して、その人の判断ですぐにできるような形になっていないとすぐには動かないと思います。

斎藤　その他、いかがですか。

塩崎賢明（神戸大学名誉教授、阪神・淡路まちづくり支援機構共同代表）　その中身が多分ね、その今の憲法とか、そのもとでの災害関連法だけではいけないことがあるのか、それとも永井幸寿先生が言うように、実は全部、よく調べたらほとんどのことはできるということなのか。できるけれども、必ずしも自治体の職員はそんなに何でもかんでもわかってるわけじゃないし、あらゆる種類の事態に対してどの法律がいけるかということを全部わかってないのでという話なのかな。

亀井　この本（注・前述の『伝える・改訂版』）は大学の権威が出した本、東日本でこれだけ法律をつくってるんですよ、だから、こういうことはもう災害が起きたときに、例えば人権、どこかのやっぱり縛りは要ると思うので、縛りをつけた上で、それで法律でできればいいんですけどね。だから、法律で何か、ある程度、できればいいんですけど、もうこの非常事態のときは、こういうことは、ある程度、任せるみたいなことが必要だと思います。

斎藤　今、私たちの研究会でやってますのはね、逆の発想法で、そういうことがないようにするためにどういう法律を改正しといたらいいかという研究なんですね。

亀井　だから、災害が起きたときには、一定限度、やっぱり守らなあかんことはあると思うんですが、それ以外のことについては誰かの判断で、例えばやって、後で国会の承認を求めるとか、後でやっぱりおかしなことはできないような仕組みをつくったら、それで法律でできればいいんですよね。なかなか……（笑）、法律で縛るのはなかなか、特別法として縛るのか、やっぱり憲法に持っていかないとできないのか、その辺はちょっと、まだ私、勉強不足なので、そこまではわからないですけど。

ただ、いろんなことを決めておいても現場ではいろんなことが起きますので。阪神・淡路大震災のとき、復興基金をつくりましたけども、あの復興基金をつくって何がよかったかというと、基金事業は全部で一一六事業ありますけど、最初の時は全部、総務省にお伺いを立てる必要がありました。要するに、九、〇〇〇億円のファンドをつくって、約三、六〇〇億円の運用益等で事業を行う仕組みとしましたが、やはり税金が入ってるから、支出対象を考える必要がある、例えば、個人資産の形成になるような個人給付はだめ、みたいなところがありました。しかし、その復興基金という災害専用のものにしてしまうと、自治体の判断で、通常はこうだけど、非常の災害のときには、この災害に限ってこういうことまではいいよ、というケースは多少なりともあったと思います。

斎藤　災害対策基本法は「災害緊急事態」という八章で、今亀井さんがおっしゃった緊急対応を総理大臣の布告、緊急措置で経済的、財産的な面ではできる規定をすでに持っています。もちろん事後の国会承認なども定めています。阪神・淡路でも東日本でもまだ発動されていない規定をすでに持っているのです。私らの感覚は、くどいですけど、その亀井さんの言われる本で整理されている、東日本でいえば復興基本法[*7]から、それから特区法[*7]、そういう基本的な法律を四本程度事後につくった。そうではなくて、南海トラフ級の大地震が来ると言ってるんだから、災害対策基本法に加えて、もっとこれまでの経験を生かしながら研究してつくっといたらいいじゃないのという研究を始めているんですね。

目的はどちらかといえば緊急対応です。

トラフ級のがきた時になるべく混乱させないために、平時の今、準備しといたらどうなのという地道な研究です。憲法改正などとうつつを抜かさずに、もっと実務的な研究をしたいなと思ってるんですね。

憲法改正か、各法律改正での準備か

永井幸寿（弁護士）　日本国憲法の趣旨は、権力による濫用の危険性があるから緊急事態条項は憲法にはおかないが、緊急事態には事前に法律で準備しておくというものです。想定外の事態が生じるとして、その先に制度を設けても、その先にさらに想定外のことが起きる可能性があるから、その先に制度を設けなければならなくなる。そうすると権力がどんどん大きくなり条文が抽象的になる。これが危険であるとして、あえて緊急事態条項を憲法に設けないのが憲法のスタンスなのです。

ですから、今、この緊急事態条項を取り入れようとしてる方々に、じゃあ、具体的に東日本大震災で憲法の何条が邪魔になりましたか、具体的にどんな事例のときに憲法が邪魔になりましたかと聞きたいのです。あるいは、想定外とおっしゃるけれども、具体的にどんなことを考えたことがあるのかということについて、余りに具体的に述べておられないですね。想定外、想定外、想定外って言ったら、どんどん、どんどん膨らんでいく危険性が、そこが問題になってると思います。

ですから、亀井さんのおっしゃる趣旨はわかるんですが、例えば想定外のこと、具体的にどんなことを考えていらっしゃるんでしょうか。

亀井　想定外のことは想定できません……。（笑）

一同　（笑）

出口俊一（兵庫県震災復興研究センター）　緊急応急対応の関係でいうと、例えばね、人を救助するために家を潰さなあかんと。それは、想定しとったらいいんかと思うんですけど。

斎藤　それは、まあ、今の法律で全部できます。

代表的な憲法改正論者で百地章さんという憲法学者が言われてる憲法まで変える必要性は、次の三点です。①災害対策基本法には災害緊急事態の布告条項があるので憲法にも、②首都直下型大地震や南海トラフ巨大地震が起こったら、新しい法律を作ろうとしてもできないから、自民党草案のような緊急政令制度が必要、③地方が機能しない時は、国が対策を講ずる必要がある。

これ、全部、現行法でいけますね。

見上　先ほど亀井さんが示された本に載っている法律のうち、大きなのはね、やっぱり復興の関係が多いんですね。

斎藤　復興ですよね。

見上　復興。加えていろんな、例えば税金を免除するとか、そういうのが多い。だから、緊急事態だけで必要なというのを想定して全て決めておきたいというのはあるかもしれません。

斎藤　改憲論者は緊急事態法案と言ってますからね。緊急事態のために何が要るんだろう。

阪神・淡路のときの建基法八十四条指定の早さ

平山洋介（研究会共同代表、神戸大学教授）　逆に、阪神・淡路のときに、まだがれきが大量に残っていて、ガスもまだきていない、再建どころではないという、ひどい混乱の中で、八十四条、めちゃくちゃ早かったですよね。

斎藤　早かった。

平山　八十四条の指定から都市計画決定に行く流れが。あれはいったい、何だったのか。その緊急のときのすごい力の働き方というのはなんだったのかな。

塩崎　いや、それは垂水さんの説明、すごくよくわかった。八十四条がいかに強力かというのが。

垂水　八十四条しかなかったわけです。

平山　何で、そんな緊急に、すごく突っ走れるんですか。

塩崎　それは一カ月[*8]しかないからや。余裕が。

垂水　延ばして二カ月ですね。

上原正裕（元兵庫県職員）　八十四条の制限期間が短いので特別法[*9]を国がつくると言って、担当者が物すごいスピードでやったので、三月十七日より前の二月二十六日に施行された。

都市計画を決めようと思ったら、一月末には縦覧など法手続きを動かしておかないといけないので、一月末に区域案が決まっていたのです。でも二カ月の間に特別法をつくってくれたので、特別法の建築制限はかけなかったけれど、早期に補助金を利用するため区域案作成に入れたのです。三月十七日に区画整理事業と同時決定しました。

東日本だったら、もう流されちゃって、家を建てるにも建てられないから、一カ月、二カ月の話じゃなかったけれど、阪神・淡路のときは直下型だったので、建てようと思ったら建てられたわけですね。

平山 いや二カ月ぐらいは無理ですよね。私は、被災地のどまんなかに住んでいましたので、当時の状況をなまなましく覚えているのですが、誰かが家を建てはじめようとしているとか、そういう感じはまったくなかったですね。バラックでスラムになってしまう、とか、そういう理屈が後になって言われましたけど、あの時点でそんなこと心配する必要はなかった、というのが私の記憶です。被災者はそれどころではないわけです。都市計画事業という最大級に強力なものを実施することになる、と「出口」が決まっている建築規制をさっさと決めてしまった。たった二カ月で都市計画決定、という急ぎ方は異様としかいいようがないと思いましたし、いまでも腑に落ちません。大震災の発生からたった一カ月と少しで被災実態の調査をきちんとやって、その結果を分析して、それを踏まえて被災都市の将来をきちんと構想して、それに向けて合理的な事業手法を選んで、というようなことをやれるはずがない。だから、どこでどういう力が働いてああいうことになったのか、今からでもきちんと検証しておく必要があると思います。

上原 無理という話もあったけど、法制度上はそれしかなくて、それをやらないと次に行けないという問題が起こってしまったのですね。

西野百合子（弁護士）　だから、みんな、縄張りをやってね、他人の土地を侵略してバラックをどばっと建てることをみんな、心配したんですね。

垂水　いやいや、そんなん心配せんでも全然、大丈夫……（笑）。

上原　建築基準法できたのが戦後、昭和二十五年でしょう、八十四条を含めて。そのときは戦災復興とか震災復興（関東大震災）の想定ですね。

平山　いや二カ月ぐらいは無理ですよね。

西野　阪神大震災の時は本気でみんな、心配したんですよ。バラック。ばあっとバラックを建てるんじゃないかって。だから、八十四条。すごい焦りはあるんです。

斎藤　そんな感じですか。

男性　建てられちゃったら、それを潰せないということがあるんで。

斎藤　ちょっと二つの意見の違いがあるようですから、まず上原さんから展開してください。

計画策定と費用の関係をどうクリアするか

上原　あの当時は分権改革以前で区画整理事業も知事決定の都市計画だったんです。だから、どうしても知事が先にやるしかなかったのですね。それと、国、つまり大臣とは事前協議するという手続きが必要でした。実際にはもちろん神戸市などは先に国と市でどこをやるかは決めていたのですね。基準法から都市計画法への制限の継続[*10]という以外に方法論としてほかになかったので、国の中でも特別法をつくっているグループもあったんだけど、それは都市計画の実施グループじゃないですからね。

男性　ちょっと話、飛んだんですけど、あのとき県は特別法を県知事が出す、特別法をつくろうという、その、かなり難しい……。

上原　特別法については難しいけど庁内で検討していたし、建築制限の延長とかということも言っていました。だから、特措法[*11]をつくれという話を国にも要求しました。こんな時に都市計画は二カ月でできないと。特別法が間に合うとは思っていなかったようで、都市計画が前に行くしかなかったので行ったということだと思うんですよね。僕はちょっとそこ、都市計画担当課にいなかったので、申しわけないですけどよく知らないのですが、そういう事情でやったというふうに聞いています。

畑　そういう意味では、やっぱり、その最初の復興計画をつくる法制とかシステムはまだできてないという感じですね。

そのときにやっぱり、私は、これは先ほど提案したのは、自治体がその復興計画、災対法のような形でやるには、やっぱり自治体がまず提案して、それに基づいてこう、参加していくというね、何かやっぱりシステムが要る。そのときに、もう自治体は、これは要するに金がないわけですから、そんな計画を出す。出したくないわけですよ。できるだけもう人のせいにしてやらないと、そんなお金がね、なかなか面倒見てくれる言うたって出てこない。

上原　畑さんの話が象徴していると思うのですけど、事業をやろうと思ったらお金が要りますから、計画ができたといってもあんまり意味がない。できないものはできない。

斎藤　金の提案は、お三人とも、ぴっちり一致しましたね。

上原　予算をつけるかどうかというのはどこで決まるか、国の金だったら、結局、国会で決めるしかないですね、予算で。国会で議決するのですね、日本は。

畑　そやから、私らも震災にあった時、あっ、これはもう、とにかく国に助けてもらわなあかんわと、まず思います、マインドとして。そしたら、やっぱり国の制度に乗っていく、できるだけ乗っていく、予算もどんどんということで、そういうマインドになるわけです。で、そこのところを、結局、何か自治体に、ある程度、任せる、これだけのお金を任せるよという国の約束もとりながら、それは自治体としてやっぱりこれだけのことはやろうと思ったらやれるということをまず市民の側に提起して、その上で参加のやるやつ、できるだけ早いこと、やっぱりやっていくと。
早回しでね、住民参加をしていくということはやっぱり大事やと、私は思っております。

阪神・淡路のときの財政負担

塩崎　その今の話でね、垂水さん、最後のほうでおっしゃってた、その権限集中しても、多分、機能しないやろうと。むしろ、自律神経みたいに置いていくようなことを想定しといたほうがいいんじゃないという意見ですけどもね、それって今日の朝日新聞でも、国はそういう機関をつくったほうがいいんじゃないかって出てるんですけどね、それに対する国の結論は、要らんと。で、国が言ってるのは、何かおもしろいんだけども、それぞれの部局が勝手に動くところがいいんだと言ってるわけ（笑）。

一同　（笑）

塩崎　それとよく似てるわけ。だけど、その他方で、亀井さんが言うように、やっぱり専門の組織があって、よく勉強しといたほうがいいんじゃないかというような、これもまた誰が考えてもそう思うわけね。その間のところ、僕はものすごく重要だと思うんですね、そこが。

で、しかも、何に対して権限集中するのか、何に対して緊急性を働かすのかというときに、彼が言うには、人と金やと（笑）。ほかのことは緊急でなくても別にええんやと。

畑　例えばね、住都公団。あれはすごく大きな役割を果たしている。

そしたら住都公団に全部任せてね、ああいう、この専門組織なりをつくってね、もうそれは全国、災害があったらぱっと動いていって、それが全部、差配してね、やるかという、やったからええかというと、それは全く違う。

亀井　例えば、県庁組織なんかでも、ふだん縦割りになってますね。意外と縦割りのほうがいいときってあるんです。縦割り、普通やったら、その業界とか、その関係の人を全部知ってるから、やり方を全部知ってるので、だから、私どもが災害対応をやるときに、阪神・淡路大震災後も、いろいろ災害がありましたけど、対策会議をすると、各部局から報告が上がってきます。向こうは全部知っており、それから団体も全部知ってるので迅速な対応が可能です。

ですから、そういう縦割りのやる部分と、総合的にやる部分と場合分けしてやるようなことが必要なのかなと思います。あと、やっぱりお金ですね。

阪神・淡路大震災のときは、復興計画を七月までにつくったんですよ。なぜかというと、八月に国へ予算要求を行う期限があったからです。国は、復興委員会で県の復興計画を最大限支援するといっていましたが、復旧に関する経費は出すが、復興は焼け太りになるのでだめだ、というスタンスでした。それで今も手元にあるんですけど、阪神のときの復興にかかる部分は国の経済対策を活用して対応しました。震災関連の県債残高が、平成六年が約一兆四〇〇〇億で、平成九年が約二兆三〇〇〇億円と急激に増えました。宮城県は、国の手厚い支援もあり、起債残高は、震災前後でほぼ一緒なんです。

阪神・淡路大震災で、財政負担が大変だった、と結構、言ったんで、国は、東日本大震災では手厚い支援をしました。阪神・淡路大震災のとき、国費は六兆、国関係団体を含めると約八兆の国費を負担しています。一方、東日本大震災では、範囲はでかいですけど、約二六兆円の国費を負担しています。あとの残りは、県費とか、市費でやってる。計画を進めるにはお金が必要。ある程度の財政的な保障がどうしても必要。やっぱりお金ですね。

一同　（笑）

亀井　お金の目途があれば、だからトップが素早く決断し、この範囲でやれと指示すればすぐに動きやすい。東日本で二六兆やったから、その範囲でやれと言ってですね、あとは、状況を見て判断するようにすれば良いのでは。素早く判断して。

塩崎　緊急事態は、金やな。

一同　（笑）

権限集中と調整のあり方

津久井進（弁護士）　緊急事態のときに何が必要か。今まで議論したところでは、まず強制力が必要だと。河田惠昭[*12]先生も強く言ってますから。

それから、統率力といいますか、現場に行って人を動かす力。それから、お金。あるいは政策決定を早くやること。

このうち、どの権限を一番重視したらいいのかを考えると、強制力というのが目立つんです。河田先生も記事の中で、お金をあらかじめためて基金化して、それを速やかに配れるように防災庁をつくるべきだと強くおっしゃっているので、むしろそちらのほうが大事かなと思いました。

権限集中のあり方が、トップすなわち総理大臣の権限を強くするようなイメージなんですが、これは我々にとってアンチテーゼなんです。これはよくないと思ってるんですけど、河田先生は防災庁をつくると言われる。で、その防災庁はあらゆることが全部できるような、モンスターな機関に見えるんです。一方で、アメリカのＦＥＭＡ[*13]（フィーマ、緊急事態管理庁）的な、調整型機関とも言われている。

阪神・淡路の時の記録ですが、中央政府が情報収集して、救助をしっかりやって、実力部隊を活用するって書いてあるんですけど、すでにある実力部隊の活用だから、結局、現地にあるリソースを調整してということになる。

全知全能のゼウスをつくるパターンと、そうではなくてリソースを調整する自律神経失調症を治すための何か調整をするパターンとがあるということになりますね。

西野　さっきから出ている強制力って言ってるのがよくわからないんです。いったい、何をしようとしてるのかと。おまえさん、何とかしてくれって言って、みんながそれを聞いて動いていくじゃないですか。だから、日本国でね、その災害のときに現場でね、俺はやらないって言って、頑張るような人は余りいないじゃないですか。

緊急対応の経験を生かして法整備を

森川憲二（弁護士）　さっきの畑さんのお話の中で、神戸で阪神・淡路大震災、また東日本で南三陸を経験された。そういう貴重なご体験なんかのお話があったんですけど、私は思うんですけどね、あの阪神・淡路のときは、さっき話が出てましたように、建築基準法の八十四条でしたっけね、要するにそういう一点から、例えば土地区画整理とか、再開発とか、そういう既存の制度に乗っかかっていった。ところが、塩崎先生もよくおっしゃっておるんですけれども、東日本だったらもう複線型といいますかね、非常に多様な手法がかなりできました。ただし、それは震災が起こってから一年ぐらいかかって、やっとこさ編み出されたみたいなところはありますよね。

で、それを今度はまた実際、実現していく過程でも何年かにかかって試行錯誤が続いて、おそらく五年たった現在では、それぞれの手法は大体、一番こういうようにするのが望ましいという一つのノウハウというのはかなり実現できてると思うんです。

熊本県益城町（2016年 6月 10日）

いわばそういう、まさに緊急対策というのは、そういう復興の過程においても、やっぱり危急時にですね、こういう計画を早めに出して早いこと実践しなきゃいけないという点がありますから、まちづくりの復興についても同じような発想というのは必要だと思うんですね。で、それが東日本でかなりノウハウとか、マニュアルは、ある程度、定着してるはずなのに、熊本の実態を見たら、ほとんど生かされてるとはとても思えないような事態になってますね。

一例として、ちょっと思うのは、例えばこれ、報道で出ましたけれども、防災集団移転促進事業[*14]、どこかの自治体がちょっとやろうというわけですね。声を出したんですけど、すぐ、何かね、消えちゃったでしょう。で、さっきの話を伺ってて、それ、すごく思うたんですけど、まだ予算措置も何にもね、全然ね、決まってもないときに、余り不用意にそんなことを打ち出すと危ないということで、多分、どこかからストップがかかってね、マスコミも抑えられてね、多分、あれ、潰されたんじゃないかな。

だけど、本当はそういう問題はですね、やっぱり東日本の中でずっと普遍的にですね、そういうマニュアルとかですね、あるいはノウハウとかが普遍的に定着をしてたらね、そしたら、今度はいざとなったら、ぱっと生かせるというね、そういう意味での緊急性に対応できるという要素がね、私は絶対あると思うんですけどね。

だから、行政の方が非常に苦労されて、実体験でそういう望ましい手法というのを随分改善されたと思いますけど、そういう中身を、ある程度、整理してね、よりベターなのはこうだと整理して普遍化できるような方法が、ひとつ、非常に大事なんじゃないかと思うんですよね。で、それが立法政策に必要な場合もあれば、運用の面でも必要な場合がある。

それぞれそういうものを組み合わせて、熊本地震は規模がそれほど大きくないから、まだ何とかなったみたいですけども、やっぱりちょっと今の状態、非常に熊本の方、気の毒だと思うんですよ。何にも、今、次のことが見えないという状態がずっと続いてますから。だけど、これが南海トラフなんかの大規模な災害になったときに、本当にそういうのを事前につくっておかないと絶対にもたないと思うんですよね。

先ほどの予算の問題もありますけれども、復興基金の問題につきましても、やっぱり弾力的に、運用が柔軟にできるような制度対応というように、そういう青写真みたいなものは、これからつくっていかなあかんような気がしますよね。

だから、そういうことも含めてね、やっぱり専門家、あるいは行政の経験の方がね、そういう問題の整備をやっていくことがいかに大切かということをきょうの話で随分わかりました。

斎藤　はい。八時に近づきましたので、そろそろということで、どうしてもまだご発言をされる方。

亀井　今おっしゃったこと、よくわかります。災害の教訓はなかなか伝わらない。兵庫県でもこんな本を出したんですけど、要するに、時がたてば人事異動により役人はかわっちゃうんです。退職されるし、部長や担当職員もかわる。当時は、兵庫県は地震が来るとは想定してなかった。熊本県も予想していませんでした。地震の少ない熊本に来てください、みたいなことを言われていたようです。

だから、やっぱりそういう面で言うと、今、兵庫県は、復興支援課という復興専門のセクションを残してますので。そういう担当をして考えるところがないと、どうしても忘れられてしまう。、やっぱり総務にいると総務の仕事を勉強しますし、一般の自治体に災害対応を全部やれと言うのも困難だと思います。だから、どういう形にしたらいいのか。その辺はなかなか難しいなというふうには思います。

斎藤　はい。大体、そういうところでよろしいでしょうかね。大変、有意義なお話を伺えました。ありがとうございました。

補注

＊1（6頁）**応急危険度判定**

「大地震により被災した建築物を調査し、その後に発生する余震などによる倒壊の危険性や外壁・窓ガラスの落下、付属設備の転倒などの危険性を判定することにより、人命にかかわる二次的災害を防止することを目的としています。その判定結果は、建築物の見やすい場所に表示され、居住者はもとより付近を通行する歩行者などに対してもその建築物の危険性について情報提供することとしています」（全国被災建造物応急危険度判定協議会）。応急危険度判定士が調査後、赤（危険）、黄（要注意）、緑（調査済）のラベルを貼る。法的根拠は明示されてはいないが、災害対策基本法に基づく防災基本計画における災害予防、災害応急対策に係る行政と位置付けられる。費用は国と都道府県だが、最近の熊本地震の場合は全額国の負担となった。

＊2（9頁）**建築基準法八十四条**

市街地に災害があった場合、しっかりとした都市計画（道路や公園のための区画整理、高層化のための再開発、復興拠点市街地形成施設）が決定される前に、無秩序に建物が建てられ市街地形成がなされることを防ぐために、都道府県知事や建築主事を置く市町村の長などは災害発生から一カ月（延長一カ月）に限り、建築を制限または禁止することができる（建築基準法八十四条）。

都市計画決定がなされたらその根拠法（例えば都市計画法五十三条）で建築制限できる。通常、建基法八十四条の制限と、都計法五十三条の制限を継続することになる。

＊3（10頁）**神戸市震災復興緊急整備条例**

本文にあるように、後の目で見ると発災直後の復興計画作りは矛盾が多い。発災直後である一九九五年二月十六日に公布・施行されたこの条例は、国の既存の法定事業（計画）、非法定事業（計画）、将来導入される事業（計画）との整合性は考慮されず、被災市街地のうちから甚大な震災復興「促進地区」とより甚大な「重点復興地区」を指定した。

「促進地区」五八八七haは、既存の都市計画法の都市計画区域（区画整理や再開発）と既存の非法定事業区域（住市総こと住宅市街地総合整備事業、密集こと密集住宅市街地整備促進事業など）の合計の一二二五haの「重点復興地区」、その他の四六六二haに分かれた。後者は制度がないという意味で「白地地区」と通称された。

同月二十六日に制定施行された被災市街地復興特別措置法（特措法）にもとづく被災市街地復興推進地域（二七一・一ha）は、結果としては重点復興地区の区画整理事業を指すことになった。

＊4（14頁）　**佐用の水害**

二〇〇九年八月九日から十三日にかけて兵庫県、岡山県を中心に大水害をもたらした平成二十一年台風9号による水害。兵庫県佐用町では九日大規模な浸水（家屋破壊）、その後断水の被害が起こった。死者二十名。

＊5（14頁）　**淡路島地震**

二〇一三年四月十三日に淡路島を襲った震度6弱の地震。損壊家屋、負傷者が多数出た。

＊6（16頁）　**専決処分**

地方自治法一七九条に定める要件のもとに、議会で議決すべき案件を普通公共団体の長が処分することをいう。

＊7（37頁）　**復興基本法、特区法**

復興基本法は正式には東日本大震災復興基本法といい、二〇一一年（平成二十三年）六月二十四日に施行された。復興の基本理念をさだめる。

特区法は正式には東日本大震災復興特区法といい、同年十二月二十六日に施行された。構えは巨大な法律で、東日本大震災によって一定の被害が生じた区域として二二二の市町村を「特定被災区域等」に指定し、それらの市町村が単独又は共同して計画を立てる。「復興推進計画」の場合は内閣総理大臣の認定を受け、「復興整備計画」の場合は国も入った復興整備協議会などで所要の協議や同意を経て公表し、「復興交付金事業計画」の場合は内閣総理大臣に提出し交付金が交付されれば、それぞれ震災特区法に基づく事業が進むことになる。選択したこれら三計画に基づく事業の種類により、○○特区と言うことになる。特区には、公営住宅の入居基準をはじめとする規制・手続の緩和、土地利用再編を迅速化するための特例措置、税制上の特例、復興交付金などの財政支援などが行われる。

＊8（40頁）　**一カ月しかない**

52頁で述べた、＊2「建築基準法八十四条」の解説を参照されたい。

＊9（40頁）　**特別法**

52頁の＊3「神戸市震災復興緊急整備条例」の説明に出てくる「被災市街地復興特別措置法（特措法）」のこと。

＊10（42頁）　**基準法から都市計画法への制限の継続**

52頁で述べた、＊2「建築基準法八十四条」の解説を参照されたい。

＊11（43頁）　**特措法**

52頁で述べた、＊3「神戸市震災復興緊急整備条例」の解説を参照されたい。

＊12（47頁）　**河田惠昭先生**

京都大学名誉教授、関西大学特別任命教授、人と防災未来センター長、東日本大震災復興構想会議委員。

＊13（47頁）　**FEMA**

アメリカ合衆国連邦緊急事態管理庁（Federal Emergency Management Agency）。

＊14（49頁）　**防災集団移転促進事業**

災害が発生した地域又は災害危険区域のうち、住民の居住に適当でないと認められる区域内にある住居の集団的移転を促進するため、当該地方公共団体に対し、国が事業費の一部（四分の三）補助を行い、防災のための集団移転促進を図る制度（宮城県東松島市・岩沼市・石巻市・南三陸町、岩手県山田町・大船渡市などが代表事例）。

あとがき

「阪神・淡路まちづくり支援機構」と付属研究会は、東日本大震災への救援活動を展開し、研究会編「ワンパック専門家相談隊、東日本被災地を行く」（クリエイツかもがわ、二〇一一年一〇月）、平山洋介・斎藤浩編「住まいを再生する　東北復興の政策・制度論」（岩波書店、二〇一三年一一月）、研究会編「士業・専門家の災害復興支援　1・17の経験、3・11の取り組み、南海等への備え」（クリエイツかもがわ、二〇一四年一月）を世に送りました。

「阪神・淡路まちづくり支援機構」は、二〇一五年一月三一日に、震災二〇年事業として、シンポジウム『1・17～3・11　来たるべき災害に備える連携力――士業の社会的役割を考える』を、兵庫県弁護士会館など神戸市内の四会場で開催し、その記録集も自費出版しました。

その後、付属研究会は次のように開催してきました。

二〇一五年三月二三日　大阪弁護士会館

・「一人ひとりが大事にされる災害復興法をつくる会」設立　津久井進

・第3回国連世界防災会議（ＷＣＤＲＲ）、イタリア・インドネシアの災害復興　塩崎賢明

二〇一五年五月二五日　兵庫県司法書士会館

・「避難所→仮設→復興住宅」スムーズ移行制度づくりのために（1）　繁松祐行

・一人ひとりが大事にされる新たな災害復興法をめざして　津久井進

・目指すべき新たな復興法のイメージ　菅野拓（人と防災未来センター研究員）

二〇一五年九月一九日～二一日　常総市水害調査　塩崎賢明、斎藤浩

二〇一五年一一月六日～八日　福島・フクシマ調査　塩崎賢明ほか約一五名

二〇一五年一二月一日　兵庫県司法書士会館

・福島・フクシマ調査団報告

二〇一六年二月二日　兵庫県弁護士会館

・原発事故が「住まい」など住民に与えた影響、原発被害者への住宅再建の実情　日野行介（毎日新聞記者）

二〇一六年四月四日　兵庫県司法書士会館

・借上公営住宅の法的特徴と明渡し訴訟　神戸市の案件　吉田維一

・明渡し請求の行政法的特徴　斎藤浩

二〇一六年六月六日　兵庫県司法書士会館

・借上公営住宅　医師の立場から　武村義人

・　運動の立場から　出口俊一

・　住宅政策の立場から　塩崎賢明

・防災・復興省の必要性について　塩崎賢明

二〇一六年六月一〇日～一二日　熊本地震ワンパック相談隊　斎藤浩ほか三〇名、西原村、益城町、

御船町で相談会ほか各地視察

二〇一六年七月一日　淀屋橋総合法律事務所

・防災庁（防災省）について　見上崇洋

・防災復興省のイメージ　津久井進

・国と自治体の役割分担　永井幸寿

・朝日論壇（六月二〇日）の河田惠昭教授の憲法論・法律論から端を発する論点の検討　斎藤浩

二〇一六年七月一九日　兵庫県司法書士会館

・ワンパック相談の点検と今後の課題　各士業団体などからの報告

二〇一六年八月一日　兵庫県弁護士会館

・防災復興省について　津久井進

二〇一六年八月二九日　淀屋橋総合法律事務所

・永井・津久井提起5課題についてのメモ　見上崇洋

・南海トラフ級巨大地震に対応するための関係法律の改正課題の検討　斎藤浩

二〇一六年九月二六日　兵庫県司法書士会館

・本書収録の研究会

二〇一六年一一月三日　鳥取地震調査　塩崎賢明、河瀬真、野崎隆一建築士ら一一名

二〇一七年三月一日　兵庫県私学会館

・福島県大熊・双葉・浪江三町職員との意見交換

徐々にこれらの研究会に反映され出したように、政治の世界では、憲法改正の必要性が政府、与党筋からは強調され、改正が必要な理由の一つとして大災害時の国家緊急権の憲法への導入問題が取り上げられるようになりました。

しかし、一九九五年の阪神・淡路大震災以来活動してきた私たちからすると、災害、災害準備のこの取り上げられ方には違和感がありました。南海トラフ級大震災への準備のためには、国家緊急権よりもっと地道なことが必要ではないかと思われるのです。

この問題には継続的に取り組むこととして、大災害に直面した時に、その地方公共団体で本当に必要なのは何なのだろうかという問題意識から、上述の二〇一六年九月の研究会をもち、非常に地味な内容ですが、きちんと社会に発信しようと、本書を発行する運びといたしました。

大震災の備えを考える方々、憲法改正の是非を考える方々に多く読んでいただきたいと思います。

発行をお引き受けいただいた東方出版と編集者の北川幸さんに感謝申し上げます。

二〇一七年三月

阪神・淡路まちづくり支援機構付属研究会